U0065539

成語寫作手冊

用成語，學寫作

使用介紹

—成語寫作手冊—

■文／李宗蓓

成語不是只能固定使用在某個文句裡，只能表達一個意思，而是根據文意可以自由變化，靈活運用，因為沒有固定用法，所以一開始要在寫作中使用成語時，小朋友常會有不知道什麼地方可以用成語，以及要用哪一個成語的困擾。這本《成語寫作手冊》就是在幫助小朋友解決這兩個問題，寫作時可以先看看想要表達的是「人、事、時、物」哪一類的情境，再從大分類中找小分類，選用適合的成語。

看看下面這篇短文，學習怎麼從這本手冊中使用成語。

今天上午第四節課時，我的肚子已經好餓、好餓了。看到營養午餐有我最喜歡的小雞腿，我好高興喔！連我不太敢吃的紅蘿蔔，都覺得好好吃。以後，要吃紅蘿蔔時我不會再憂愁了。小時候我不敢吃的茄子和苦瓜，我也想試試看，說不定也很好吃。

我們可以先把跟「情緒」、「感受」有關的語詞找出來，練習使用成語。

◆原句：看到營養午餐有我最喜歡的小雞腿，我好高興喔！

想使用成語表達「好高興」，可以找「人」，再找「情感」，使用形容「高興」的成語。

◆使用成語後：看到營養午餐有我最喜歡的小雞腿，讓我「心花怒放」！

◆原句：連我不太敢吃的紅蘿蔔，都覺得好好吃。

想用成語表達「好好吃」，可以找「物」，再找「生活」，練習使用「飲食」的成語。

◆使用成語後：連我不太敢吃的紅蘿蔔，都吃得「津津有味」！

◆原句：以後，要吃紅蘿蔔時我不會再憂愁了。

想用成語表達「憂愁」，可以找「人」，再找「情感」，使用形容「憂愁」的成語。

◆使用成語後：以後，要吃紅蘿蔔時我不會再「愁眉苦臉」了。

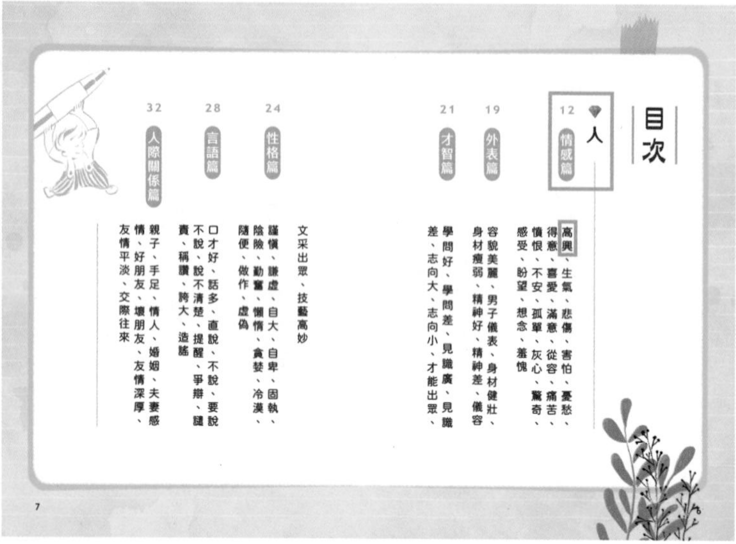
目次

人

7

先想想要表達的詞彙是用在人、事、時、物的哪一類？再從中找出對應的成語分類。

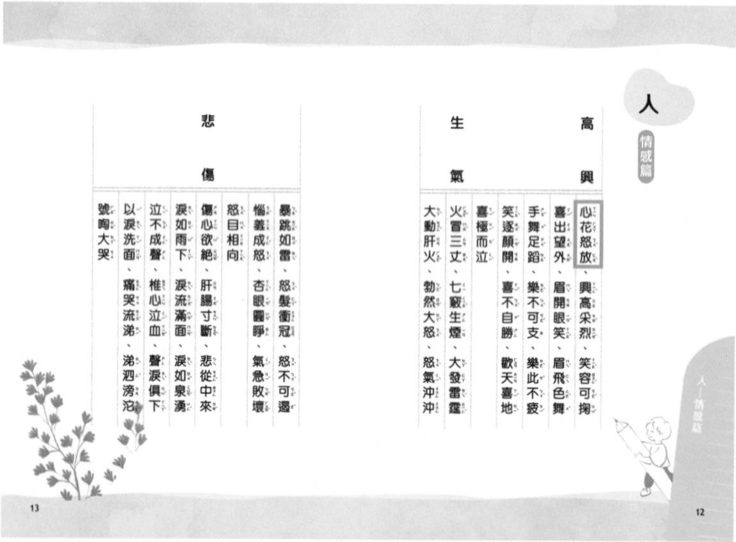
人 情感篇

高興

心花怒放、興高采烈、笑容可掬

喜出望外、眉開眼笑、眉飛色舞

手舞足蹈、樂不可支、樂此不疲

笑逐顏開、喜不自勝、歡天喜地

喜極而泣

生氣

火冒三丈、七竅生煙、大發雷霆

大動肝火、勃然大怒、怒氣沖沖

暴跳如雷、怒髮衝冠、怒不可遏

惱羞成怒、杏眼圓睜、氣急敗壞

怒目相向

悲傷

傷心欲絕、肝腸寸斷、悲從中來

淚如雨下、淚流滿面、淚如泉湧

泣不成聲、椎心泣血、聲淚俱下

以淚洗面、痛哭流涕、涕泗滂沱

號啕大哭

人—情感篇

12 13

例如，「高興」屬於人的一種情感，可以先在目次中找到「人—情感篇」，再從「情感篇」裡找到「高興」的小分類，最後再從「高興」當中選出適合的成語。

至於怎麼從這本手冊中找到適合的成語呢？可以參考右頁的圖示說明。

運用成語之後，短文變成：

今天上午第四節課時，我的肚子已經好餓、好餓了。看到營養午餐有我最喜歡的小雞腿，讓我心花怒放！連我不太敢吃的紅蘿蔔，都吃得津津有味。以後，要吃紅蘿蔔時我不會再愁眉苦臉了。小時候我不敢吃的茄子和苦瓜，我也想試試看，說不定也很好吃。

彷彿看得到表情變化，內容更生動有趣了。

寫作時，不用去死背或硬記成語要怎麼用，而是有意識的去使用成語，並有方法的把語詞替換為成語，養成使用成語來形容、比喻的寫作習慣後，不知不覺你就會功力大增，成為寫作達人！

目次

人

目次

事

目次

時

物

人

情感篇

高興

心花怒放、興高采烈、笑容可掬

喜出望外、眉開眼笑、眉飛色舞

手舞足蹈、樂不可支、樂此不疲

笑逐顏開、喜不自勝、歡天喜地

喜極而泣

生氣

火冒三丈、七竅生煙、大發雷霆

大動肝火、勃然大怒、怒氣沖沖

悲傷

暴跳如雷、怒髮衝冠、怒不可遏

惱羞成怒、杏眼圓睜、氣急敗壞

怒目相向

傷心欲絕、肝腸寸斷、悲從中來

淚如雨下、淚流滿面、淚如泉湧

泣不成聲、椎心泣血、聲淚俱下

以淚洗面、痛哭流涕、涕泗滂沱

號啕大哭

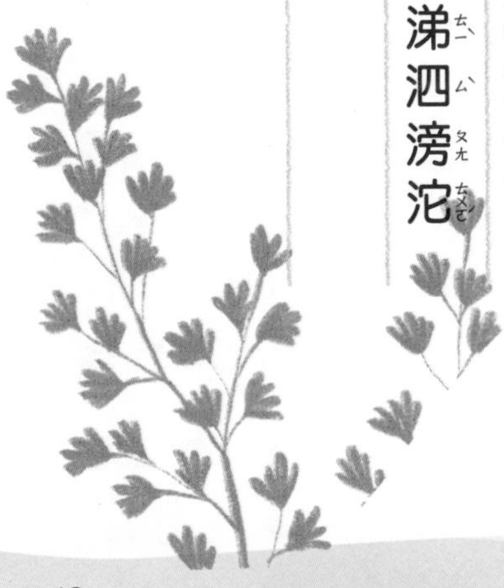

害怕	憂愁	得意
膽戰心驚、不寒而慄、心有餘悸	多愁善感、杞人憂天、愁眉苦臉	春風得意、滿面春風、志得意滿
毛骨悚然、談虎色變、驚弓之鳥	愁眉不展、抑鬱寡歡、悶悶不樂	
風聲鶴唳、噤若寒蟬、面色如土	食不知味、憂心如焚	
魂不附體、魂飛魄散		

喜愛	滿意	從容
得意洋洋、得意忘形、沾沾自喜 躊躇滿志 愛不釋手、情有獨鍾、愛屋及烏 嗜之如命、見獵心喜、如痴如醉	稱心如意、如願以償、心滿意足 天從人願、差強人意	心平氣和、氣定神閒、從容不迫 悠然自得、好整以暇、泰然自若

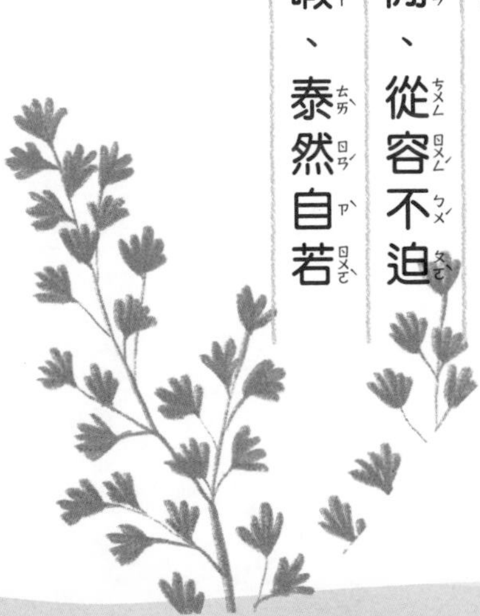

痛苦　憤恨　不安

遊刃有餘

心如刀割、痛不欲生、苦不堪言

切膚之痛、如喪考妣、水深火熱

深惡痛絕、咬牙切齒、恨之入骨

義憤填膺、憤世嫉俗

心神不寧、坐立不安、忐忑不安

惴惴不安、七上八下、芒刺在背

如坐針氈、吳牛喘月、六神無主

孤單　灰心　驚奇　感受

草木皆兵

孑然一身、形單影隻、孤苦伶仃

顧影自憐、踽踽獨行、舉目無親

心灰意冷、悵然若失、槁木死灰

萬念俱灰

不可思議、嘆為觀止、嘖嘖稱奇

瞠目結舌、大驚小怪、大吃一驚

百感交集、感慨萬千、感同身受

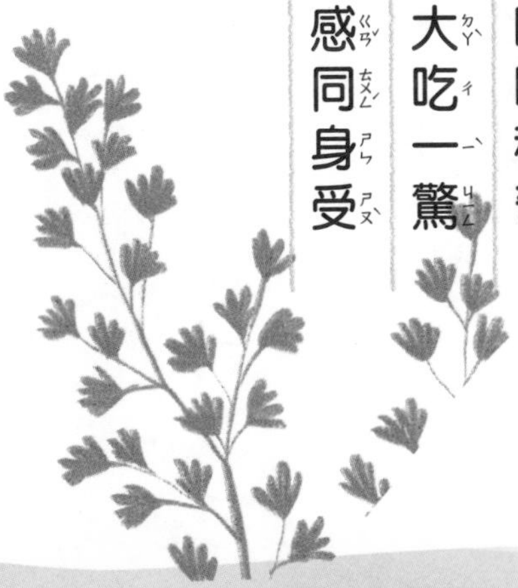

盼望　想念　羞愧

扣人心弦、刻骨銘心、沁人心脾

望穿秋水、望眼欲穿、夢寐以求

引頸而望

朝思暮想、茶思飯想、魂牽夢縈

牽腸掛肚、一日三秋

面紅耳赤、無地自容、惱羞成怒

自慚形穢

容貌美麗

明眸皓齒、沉魚落雁、閉月羞花

花容月貌、傾城傾國、國色天香

男子儀表

一表人才、玉樹臨風、溫文爾雅

面如冠玉、文質彬彬、昂藏七尺

器宇軒昂

身材健壯

虎背熊腰、高頭大馬、彪形大漢

孔武有力、身強力壯

身材瘦弱

弱不禁風、面黃肌瘦、形銷骨立

骨瘦如柴、瘦骨嶙峋

精神好

朝氣蓬勃、神采飛揚、容光煥發

神采奕奕、精神抖擻、抬頭挺胸

生龍活虎

精神差

無精打采、萎靡不振、暮氣沉沉

儀容

衣冠楚楚、蓬頭垢面、不修邊幅

衣衫不整、披頭散髮、首如飛蓬

人

才智篇

學問好	學問差	見識廣	見識差
學富五車、滿腹經綸、腹笥甚廣	胸無點墨、才疏學淺、不學無術	高瞻遠矚、目光如炬、見多識廣	孤陋寡聞、目光如豆、鼠目寸光
真才實學、博古通今、學貫中西	不識之無、目不識丁	深謀遠慮、洞若觀火	

志向大	志向小	才能出眾	文采出眾

井底之蛙、坐井觀天、一孔之見

雄心壯志、壯志凌雲、凌雲之志

鴻鵠之志、青雲之志、胸懷大志

燕雀之志、胸無大志、得過且過

出類拔萃、鶴立雞群、脫穎而出

嶄露頭角、非池中物、後生可畏

棟梁之材

才高八斗、七步成詩、出口成章

技藝高妙

妙筆生花、擲地有聲、文章魁首

爐火純青、鬼斧神工、巧奪天工

神乎其技、出神入化、得心應手

入木三分

謹慎	謙虛	自大
一絲不苟、戰戰兢兢、兢兢業業	虛懷若谷、謙沖自牧、功成不居	不可一世、恃才傲物、夜郎自大
小心翼翼、謹言慎行、臨淵履薄	功成身退	唯我獨尊、趾高氣揚、自命不凡
		孤芳自賞、好為人師、目中無人

自卑	固執	陰險	勤奮
妄自菲薄、自怨自艾、自慚形穢	冥頑不靈、固執己見、一意孤行	口蜜腹劍、笑裡藏刀、暗箭傷人	夙夜匪懈、自強不息、孜孜矻矻
畏首畏尾、唯唯諾諾	剛愎自用、刻舟求劍	兩面三刀、借刀殺人	朝乾夕惕、夜以繼日、焚膏繼晷

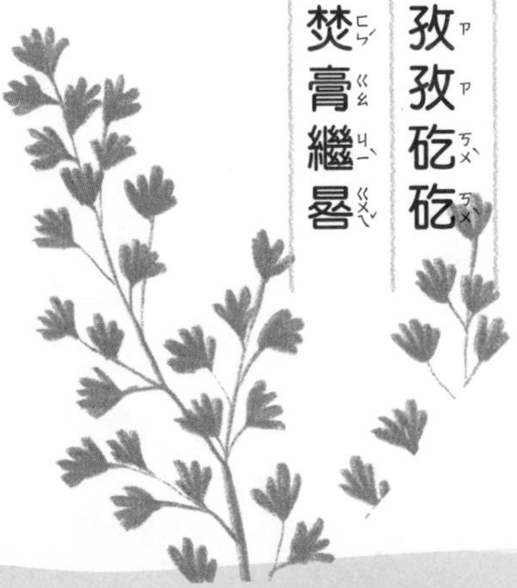

懶惰	貪婪	冷漠	隨便
遊手好閒、好逸惡勞、玩日愒歲	貪得無厭、得寸進尺、殺雞取卵	冷若冰霜、無動於衷、置之度外	馬馬虎虎、敷衍了事、虛應故事
渾渾噩噩、無所事事、飽食終日	得隴望蜀、利令智昏、投機取巧	漠不關心、不聞不問、麻木不仁	
	唯利是圖		

做作

虛偽

敷衍塞責、隨波逐流

矯揉造作、裝模作樣、惺惺作態

裝腔作勢、無病呻吟

表裡不一、陽奉陰違、口是心非

巧言令色、虛情假意

人

言語篇

口才好	話多	直說
口若懸河、滔滔不絕、侃侃而談	喋喋不休、嘮嘮叨叨、呶呶不休	直言不諱、一吐為快、知無不言
應對如流、辯才無礙、能言善辯	口沫橫飛	全盤托出、直截了當
舌粲蓮花、伶牙俐齒		

不說	要說不說	說不清楚	提醒
三緘其口、噤若寒蟬、守口如瓶	欲言又止、吞吞吐吐、含糊其辭	難言之隱	胡言亂語
閉口不談	支支吾吾、拐彎抹角、閃爍其詞	語無倫次、不知所云、顛三倒四	苦口婆心、語重心長、耳提面命

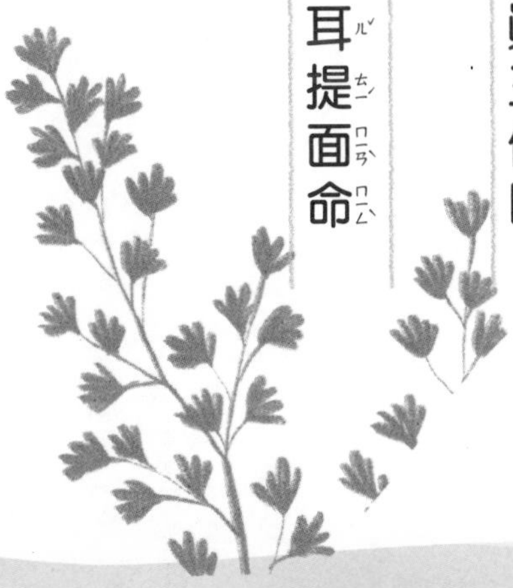

爭辯　譴責　稱讚

千叮萬囑、當頭棒喝、暮鼓晨鐘

三令五申

脣槍舌劍、針鋒相對、強詞奪理

百口莫辯

口誅筆伐、眾矢之的、大張撻伐

群起攻之

有口皆碑、膾炙人口、口碑載道

頌聲遍野、家喻戶曉

誇大

加油添醋、天花亂墜、信口開河

危言聳聽、駭人聽聞、譁眾取寵

言過其實

造謠

穿鑿附會、無稽之談、道聽塗說

信口雌黃、三人成虎、空穴來風

人言可畏、曾參殺人、流言蜚語

捕風捉影、以訛傳訛、含血噴人

含沙射影

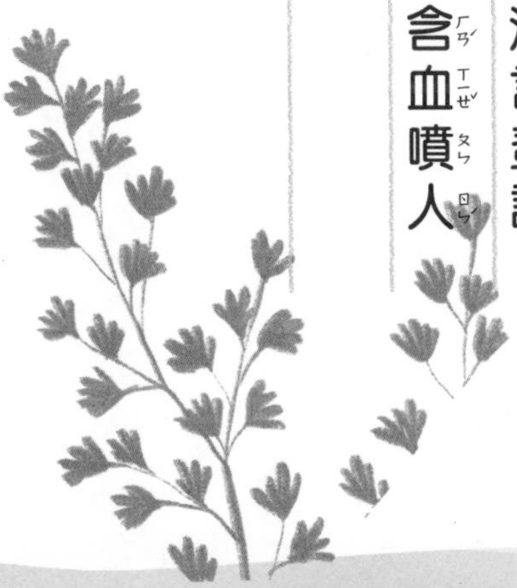

親子	手足	情人
天倫之樂、舐犢情深、含飴弄孫 血濃於水、父慈子孝、承歡膝下 晨昏定省、慈烏反哺、溫席扇枕	手足情深、兄友弟恭、讓棗推梨 煮豆燃萁、兄弟鬩牆、同室操戈	一見鍾情、含情脈脈、一往情深 情竇初開、情投意合

婚姻

天作之合、門當戶對、雀屏中選

秦晉之好、齊大非偶

夫妻感情

鶼鰈情深、伉儷情深、舉案齊眉

琴瑟和鳴、比翼雙飛、畫眉之樂

勞燕分飛、貌合神離、覆水難收

好朋友

管鮑之交、莫逆之交、刎頸之交

金石之交、患難之交、生死之交

壞朋友

狼狽為奸、一丘之貉、狐群狗黨

分類	詞語
友情深厚	酒肉朋友、臭味相投、沆瀣一氣
	膠漆相投、肝膽相照、水乳交融
	志同道合、氣味相投、焦不離孟
友情平淡	推心置腹、惺惺相惜
	泛泛之交、萍水相逢、一面之緣
	點頭之交
交際往來	禮尚往來、守望相助、不速之客
	地主之誼、賓至如歸、賓主盡歡

分類	詞語
教育	春風化雨、有教無類、百年樹人
	桃李滿門、因材施教、潛移默化
	以身作則、作育英才、教學相長
學習環境	孟母三遷、一傳眾咻、耳濡目染
	近朱者赤、蓬生麻中
學習方法	切磋琢磨、溫故知新、開卷有益
	融會貫通、觸類旁通、不恥下問

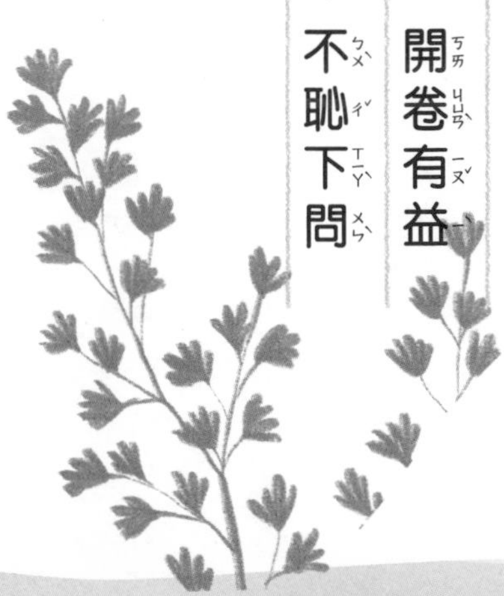

學習態度佳

手不釋卷、孜孜不倦、好學不倦
學而不厭、囊螢映雪、鑿壁偷光
懸梁刺股、牛角掛書、韋編三絕

學習態度差

一曝十寒、不求甚解、囫圇吞棗
望文生義、心不在焉、一知半解

成績好

首屈一指、名列前茅、遙遙領先
金榜題名、獨占鰲頭、連中三元

成績差

名落孫山、敬陪末座、榜上無名

競爭	團結	分裂	平手
明爭暗鬥、鉤心鬥角、鹿死誰手	同心協力、和衷共濟、群策群力	烏合之眾、一盤散沙、分崩離析	不分軒輊、平分秋色、伯仲之間
爾虞我詐	眾志成城、萬眾一心	四分五裂、冰消瓦解	

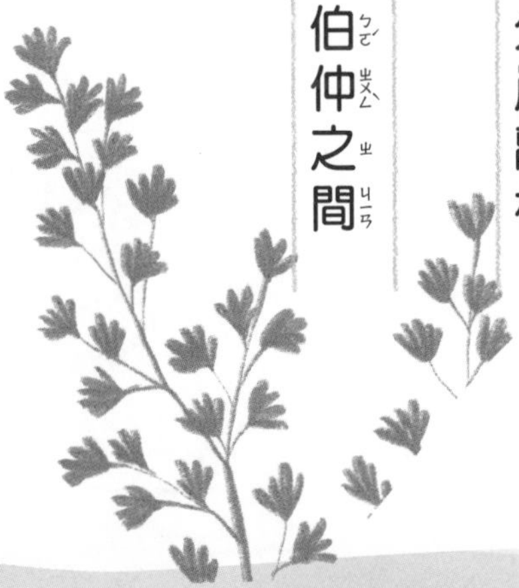

領先勝利

落後失敗

分庭抗禮、並駕齊驅、望其項背

勢均力敵、旗鼓相當

大獲全勝、所向披靡、勝券在握

技高一籌、所向無敵、旗開得勝

反敗為勝、出奇制勝、奏凱而歸

望塵莫及、難望項背、一敗塗地

不堪一擊、全軍覆沒、前功盡棄

功虧一簣、鎩羽而歸、大勢已去

事

情勢篇

情勢緊急

急如星火、燃眉之急、迫在眉睫

刻不容緩、當務之急、箭在弦上

一觸即發

情勢危險

千鈞一髮、間不容髮、九死一生

危在旦夕、危如累卵、搖搖欲墜

扭轉情勢

力挽狂瀾、扶危定傾、撥亂反正

扭轉乾坤

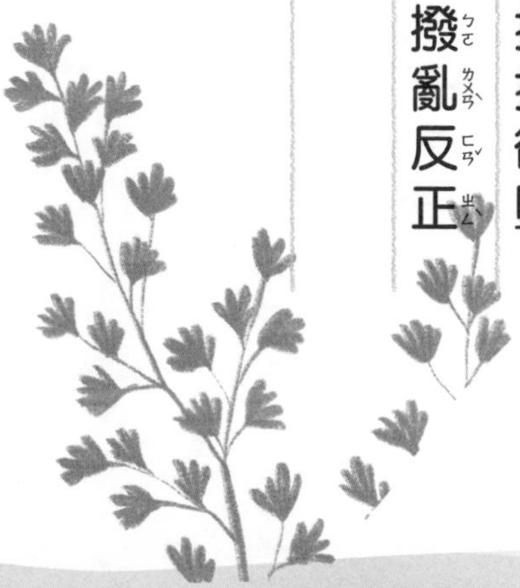

情勢轉好	情勢轉壞	無法解決
漸入佳境、倒吃甘蔗、柳暗花明	每況愈下、江河日下、山窮水盡	一籌莫展、無計可施、束手無策
峰迴路轉、苦盡甘來、化險為夷	走投無路、一落千丈	黔驢技窮、梧鼠技窮
轉危為安、否極泰來、絕處逢生		
有驚無險		

容易解決	兩邊得利	兩邊受害	事實顯現
反掌折枝、輕而易舉、唾手可得	一箭雙鵰、一舉兩得、一石兩鳥	玉石俱焚、鷸蚌相爭、兩敗俱傷	東窗事發、露出馬腳、圖窮匕見
易如反掌、探囊取物、吹灰之力	事半功倍、兩全其美	同歸於盡	水落石出、昭然若揭

虛幻不實	空中樓閣、海市蜃樓、鏡花水月 虛無縹緲
沒有消息	石沉大海、杳無消息、不知去向 杳如黃鶴、泥牛入海
相同	一模一樣、不謀而合、異曲同工 大同小異、殊途同歸
相異	南轅北轍、大相逕庭、迥然不同 涇渭分明、背道而馳

升遷

平步青雲、扶搖直上、飛黃騰達

一日九遷、一步登天

災禍

無妄之災、池魚之殃、飛來橫禍

城門失火、雪上加霜、禍不單行

屋漏逢雨、禍從天降

奔波

披星戴月、櫛風沐雨、餐風露宿

跋山涉水、風塵僕僕、舟車勞頓

貧窮	富有	生病
一貧如洗、兩袖清風、捉襟見肘	腰纏萬貫、錦衣玉食、炊金饌玉	病入膏肓、回天乏術、積勞成疾
數米而炊、身無長物、并日而食	金玉滿堂、富可敵國	諱疾忌醫、苟延殘喘、命在旦夕
飢寒交迫、寅吃卯糧、阮囊羞澀		氣若游絲、奄奄一息

死亡

與世長辭、撒手人寰、溘然長逝

壽終正寢、含笑九泉、音容宛在

香消玉殞、駕鶴西歸、蘭摧玉折

困境

四面楚歌、山窮水盡、進退維谷

坐以待斃、腹背受敵、窮途末路

悲慘

暗無天日、流離失所、民不聊生

十室九空、生靈塗炭、百廢待舉

哀鴻遍野

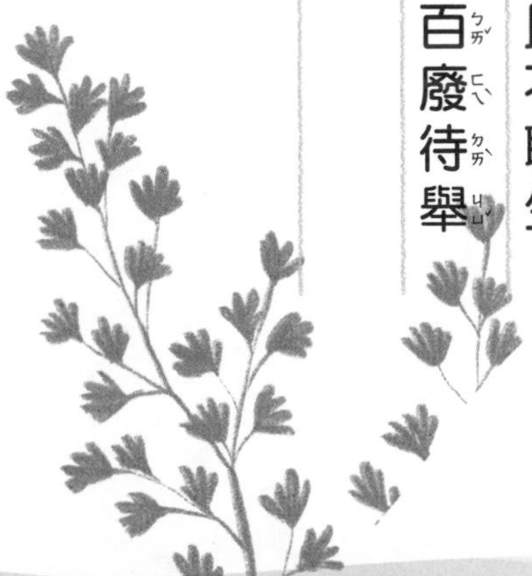

事

處事篇

恆心

持之以恆、貫徹始終、鍥而不捨

滴水穿石、磨杵成針、不屈不撓

百折不撓、堅忍不拔

決心

有志竟成、破釜沉舟、背水一戰

愚公移山、風雨無阻

專注

專心致志、一心一意、聚精會神

全神貫注、心無旁騖

盡力

鞠躬盡瘁、披肝瀝膽、竭盡全力

竭忠盡智、赴湯蹈火

守信

一諾千金、一言九鼎、季布一諾

言出必行

公正

大公無私、剛正不阿、守正不阿

光明正大、行不由徑

鎮定

若無其事、不動聲色、不慌不忙

神色自若、面不改色

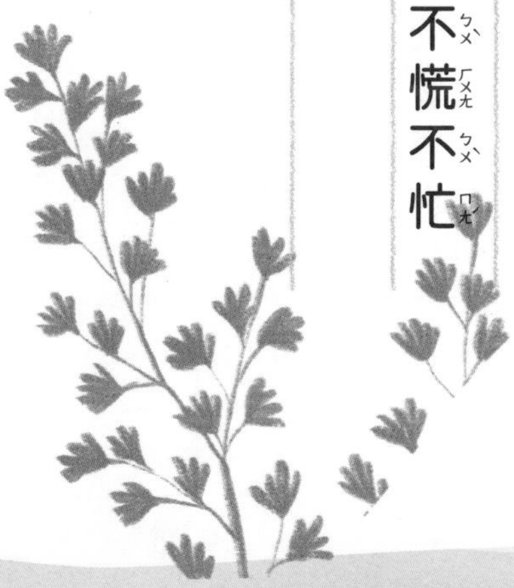

果斷	猶豫	圓滑	反省
大刀闊斧、雷厲風行、斬釘截鐵	舉棋不定、優柔寡斷、瞻前顧後	八面玲瓏、面面俱到、長袖善舞	反求諸己、反躬自省、捫心自問
當機立斷、毅然決然	畏首畏尾、裹足不前、三心二意	左右逢源	三省吾身、從善如流

改過

- 改過自新、洗心革面、改邪歸正
- 迷途知返、浪子回頭、回頭是岸
- 懸崖勒馬、如夢初醒、痛改前非

感恩

- 一飯千金、飲水思源、知恩圖報
- 結草銜環、沒齒難忘

欺騙

- 掩耳盜鈴、自欺欺人、瞞天過海
- 一手遮天、欺世盜名、欲蓋彌彰

漠視

- 隔岸觀火、作壁上觀、冷眼旁觀

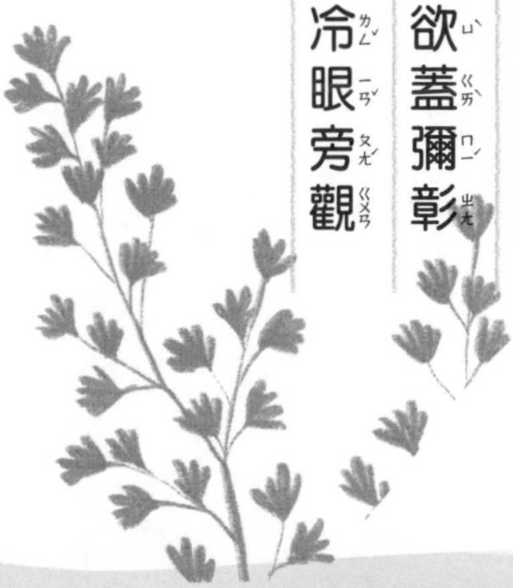

模仿	忍耐	討好	節儉

袖手旁觀、視若無睹

東施效顰、邯鄲學步、如法炮製

忍氣吞聲、委曲求全、唯唯諾諾

百依百順、俯首聽命

俯首貼耳、卑躬屈膝、低聲下氣

搖尾乞憐

克勤克儉、量入為出、開源節流

省吃儉用、精打細算

浪費

酒池肉林、一擲千金、揮金如土

揮霍無度、窮奢極侈

懂得變通

隨機應變、見風轉舵、因時制宜

見機行事、通權達變

不知變通

墨守成規、按圖索驥、畫地自限

故步自封、削足適履

事先準備

未雨綢繆、曲突徙薪、先見之明

防患未然、有備無患、防微杜漸

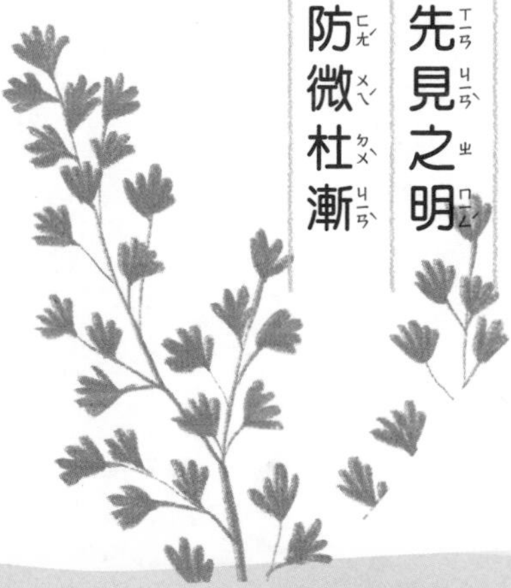

臨時補救	製造問題	加重問題	自找問題	做法多餘
江心補漏、臨陣磨槍、臨渴掘井	無事生非、推波助瀾、挑撥離間 興風作浪	火上加油、抱薪救火、揚湯止沸	自作自受、咎由自取、作繭自縛 玩火自焚、作法自斃	畫蛇添足、疊床架屋、多此一舉 弄巧成拙

時間長

天荒地老、年湮代遠、歷久彌新

曠日經久、經年累月

時間短

白駒過隙、兔走烏飛、風馳電掣

電光石火、曇花一現、驚鴻一瞥

眨眼之間、彈指之間、一時半刻

時間變遷

物換星移、時過境遷、滄海桑田

東海揚塵、春去秋來、寒來暑往

時間流逝	美好時光	清晨		黃昏		夜晚
光陰似箭、日月如梭、韶光荏苒	花好月圓、良辰美景、春花秋月	曉風殘月、月落星沉、月淡星稀	斗轉參橫	日落西山、夕陽西下、晚霞滿天	落霞殘照	月白風清、夜深人靜、三更半夜

把握時機

時機成熟

機不可失、捷足先登、打鐵趁熱

見機行事、一鼓作氣、千載難逢

及鋒而試

瓜熟蒂落、水到渠成、順理成章

物

數量篇

唯一	數量多	數量少	人很多
絕無僅有、獨一無二、空前絕後	成千上萬、車載斗量、比比皆是	鳳毛麟角、屈指可數、寥若晨星	人山人海、門庭若市、比肩繼踵
天下無雙、碩果僅存、千古獨步	不勝枚舉、多如牛毛、恆河沙數	寥寥無幾、區區之數、微乎其微	

人很少

罪惡多

累積

水泄不通、川流不息、車水馬龍

絡繹不絕、熙來攘往、摩肩接踵

人聲鼎沸、過江之鯽、戶限為穿

門可羅雀、寥寥可數、三三兩兩

人跡罕至

罄竹難書、擢髮難數、殺人如麻

積少成多、積沙成塔、集腋成裘

日積月累

物

生活篇

屋舍

雕梁畫棟、雕欄玉砌、瓊樓玉宇

美輪美奐、富麗堂皇、金碧輝煌

蓬門蓽戶、家徒四壁、環堵蕭然

土階茅屋

飲食

山珍海味、粗茶淡飯、家常便飯

垂涎三尺、食指大動、大快朵頤

狼吞虎嚥、細嚼慢嚥、津津有味

睡覺	生意買賣
口腹之欲	睡眼惺忪
昏昏欲睡、呼呼大睡、鼾聲如雷	物美價廉、童叟無欺、討價還價
不眠不休、翻來覆去、輾轉反側	奇貨可居、蠅頭小利、待價而沽

物

氣候篇

天氣好	風和日麗、天朗氣清、風調雨順 雲淡風輕、萬里無雲、晴空萬里 秋高氣爽、薰風習習
天氣變化	忽冷忽熱、陰晴不定、乍暖還寒 雨過天青
炎熱	火傘高張、烈日當空、豔陽高照 爍石流金、夏日炎炎

寒冷

天寒地凍、冰天雪地、寒風刺骨

雪花飛舞、北風呼號、朔風獵獵

風雨

傾盆大雨、大雨如注、狂風暴雨

淒風苦雨、狂風怒號、斜風細雨

物

自然篇

太陽	旭日東升、日上三竿
月亮	陰晴圓缺、銀光瀉地、皓月千里
	月明星稀、月光如水
星星	星月交輝、星羅棋布、滿天星斗
	繁星點點
山	崇山峻嶺、千巖萬壑、壁立千仞
	層巒疊嶂、懸崖峭壁、高聳入雲

山水

青山綠水、湖光山色、山明水秀

山光水色、依山傍水

海洋

波濤洶湧、海不揚波、海天一色

白浪滔天、水波不興

花

花團錦簇、奼紫嫣紅、五彩繽紛

萬紫千紅、繁花似錦、百花爭妍

草木

鬱鬱蒼蒼、蓊蓊鬱鬱、離離蔚蔚

枝葉扶疏、綠草如茵、綠樹成蔭

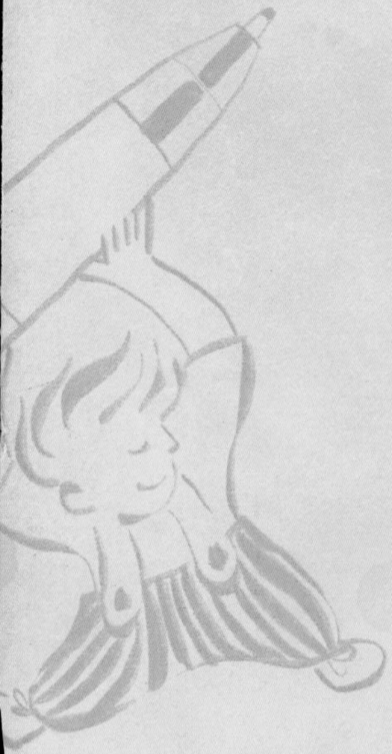

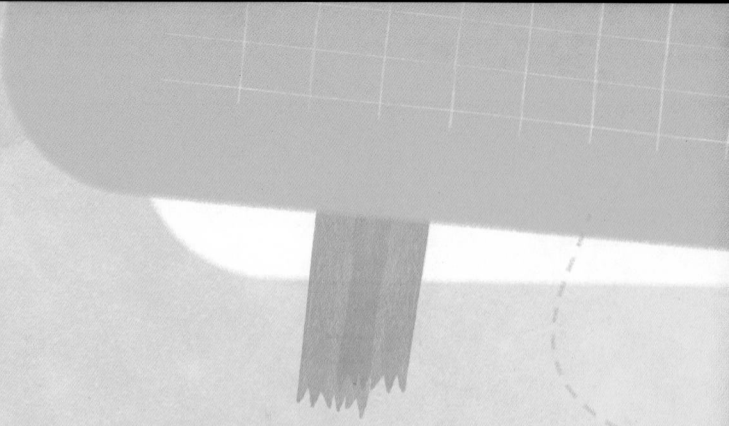

親子天下
Education · Parenting
Family Lifestyle

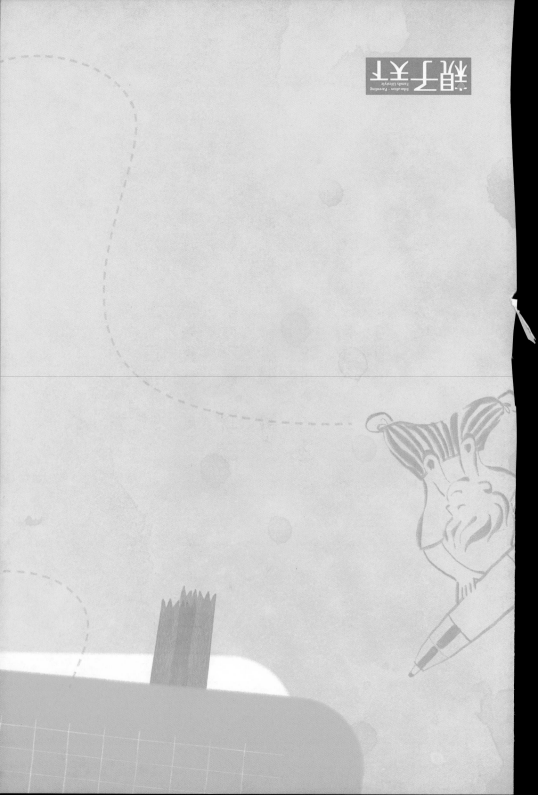